AF451653

AVIS AUX VIVANS,

AU SUJET

DE QUELQUES MORTS.

PAR L'AUTEUR

DE CHARLES & VILCOURT.

A AMSTERDAM,

Et se trouve à PARIS,

Chez P. Fr. Gueffier, Libraire, au bas de
la rue de la Harpe, à la Liberté.

M. DCC. LXXII.

AVIS
AUX VIVANS,
AU SUJET
DE QUELQUES MORTS.

IL n'y a pas de point fur le globe, où la mode exerce un empire plus abfolu qu'en France. Je ne fçais comment il eft arrivé, que d'originaux que nous étions fur cet article, donnant le ton à tout l'univérs, depuis quelque tems nous avons voulu devenir co-piftes. L'exerciçe germanique, l'uniforme tudefque & les poéfies allemandes, la mufique italienne & les coutumes angloifes fe font tout-à-coup emparé de nos têtes. Jufqu'apré-fent nous n'avons encore rien emprunté des

A

Ruſſes. Peut-être que *cela viendra* , comme dit la chanſon.

Je fais gloire de penſer, à part moi, ſur les deux premiers articles, comme mon ancien Général, le Maréchal de Saxe, qui étoit Allemand. Je fais le plus grand cas de la langue & de la poéſie allemande, & des grands Hommes, en tout genre, que l'Allemagne produit aujourd'hui. J'aime beaucoup ce qu'on appelle la muſique italienne , quand elle ſeroit compoſée par un Allemand, un Flamand, un Genevois , ou par un François ; mais j'avoue que je ne veux des Anglois, ni leur gouvernement , parce que , quoique très-bon ſans doute en lui-même , il ne convient pas à ce pays-ci ; ni bien d'autres Angliciſmes encore , quand je n'aurois d'autre raiſon que celle, que les Anglois eux - mêmes ſont les premiers à les condamner.

Voici ce que me diſoit à ſujet un homme de ce pays-là, qui me paroît connoître les deux nations , & n'avoir pas plus de prévention qu'un François. Je vais le faire parler lui-même.

„ Vous êtes bien changés en France, me difoit-il. Le refte de l'Europe ne vous reconnoît plus. Le peuple le plus enjoué de l'univers affecte aujourd'hui de troquer fes grâces naturelles, contre une morgue étrangere; fa franchife nationale, contre un ton & des airs concertés; & fa gaieté, quelquefois étourdie, mais toujours heureufement contagieufe, contre la réputation pédantefque & vuide de fens, d'une nation de *Penfeurs* & de *Philofophes*; &, foit en bien, foit en mal, c'eft toujours à nous que vous en voulez. Les Anglois font les objets éternels de votre admiration ou de votre fatire ».

„ Mais quel droit avez-vous de nous juger, & fur-tout de nous copier? Vous ne nous connoiffez pas. Il n'y a pas plus loin de France en Angleterre, que de Paris à Pontoife; & moins de Londres à Paris, que de Paris à Lyon. Cependant, il fembleroit que, pour un François, le voyage d'Angleterre soit celui de la Chine. D'ailleurs, excepté vos Perruquiers, vos Tailleurs, vos Couturieres, vos Marchandes de modes & vos Cuisiniers, dont nos guinées nous procurent la visite, le peu de François distingués qui viennent chez nous, ne sçavent pas notre langue, & ne se soucient pas de l'apprendre ».

» Vous prétendez que cela n'est pas nécessaire, parce que tout le monde parle françois ; & je vous réponds que, quand cela seroit vrai, ce qui est bien loin de l'être, ce seroit toujours tant pis pour vous, parce que vous ne nous voyez que traduits. Les Italiens, les Russes, les Allemands qui voyagent chez nous, sçavent l'Anglois, ou l'apprennent, & ils s'en trouvent bien, parce que c'est le seul moyen de connoître véritablement un peuple chez qui l'on voyage, & par conséquent de bien remplir son objet ».

» Mais nous sçavons votre langue, me direz-vous, au moins *par les yeux*, & c'est en

fçavoir aſſez pour entendre vos livres, &
par-là connoître vos uſages ».

» Vous fçavez notre langue *par les yeux*?
vous renoncez donc à notre poéſie, car elle
ne parle qu'aux oreilles, ſur - tout chez un
peuple qui, comme les anciens & comme vos
voiſins, poſſede une langue poétique; c'eſt-
à-dire un moyen de faire des vers ſans le ſe-
cours de la rime, dont vous ne pouvez pas
vous paſſer en françois. Cette langue poétique ſe trouveroit bien plutôt dans le patois
de vos provinces méridionales, qui l'emporte
mille & mille fois par le matériel des ſons &
par les grâces, la hardieſſe & la variété des
tournures, ſur la langue de la capitale. La di-
ſette de matieres premieres doit donc redou-
bler la gloire des Poëtes ſublimes, qui ont
été obligés de travailler dans le dialecte pa-
riſien. Avec de l'ochre, de la brique & du
charbon, ces grands Peintres ont trouvé le
moyen de faire des tableaux qui ſeront im-
mortels ».

A iij

» Vous prétendez connoître nos ufages par des livres. Je crois cependant que le plus habile Antiquaire, après avoir pafé fa vie fur des livres, feroit bien embarrafé à expliquer à des anciens, s'ils revenoient au monde, les plus fimples & les plus communs de leurs ufages. Mais une preuve que vous ne connoifez pas les nôtres, c'eft que vous n'êtes point du tout au fait de nos ouvrages de plai-fanterie , & la plaifanterie la plus fine tombe fi fouvent fur l'ufage ».

» Je fçais que vous allez me nier d'abord que nous ayions de la véritable plaifanterie. C'eft une denrée , felon vous, qui doit appar-tenir exclufivement à la France ; & *plaifante-rie angloife* , *plaifanterie étrangere* , font des expreffions, chez vous, pour dire plaifante-rie baffe & groffiere , mauvaife plaifanterie ».

» D'abord je pourrois vous oppofer la pré-fomption. Il y a à parier, ce me femble, qu'un peuple qui voyage par tout l'univers qui connoît les langues des anciens, la vôtre

& celle de vos voisins, qui vit sous un gouvernement où la presse est libre, & où le talent de la parole est un moyen sûr de fortune, il y a, dis-je à parier, ce me semble, qu'un tel peuple, à qui vous accordez des talens d'ailleurs, doit s'être avisé de se servir d'une arme, qui donne tant d'avantage sur les autres hommes ».

» *Plaisanterie étrangere.* Vous avez bien écrit en France depuis quelques années, & vous avez écrit dans tous les styles sur la seule question de l'exportation des grains. Un étranger s'est avisé d'écrire aussi sur ce sujet, & ses dialogues ont fait voir qu'un Italien pouvoit être plaisant, même en se servant d'une langue qui lui est étrangere ».

» *Plaisanterie angloise.* Vous vantez sans cesse celle de votre Auteur favori, le Comte d'Hamilton. Mais vous avez donc oublié qu'Antoine Hamilton étoit Anglois, ou bien Irlandois, si vous voulez ? Enfin, il étoit le compatriote, aussi bien que le contemporain

& l'ami de Steele, de Farquhar, de Swift &
de Congreve, qui étoient bien plus plaifants,
que lui, & d'un ton tout auffi pur au moins,
mais qui n'auroient pas écrit auffi purement
que lui en françois. Antoine étoit grand comme pere & mere quand il vint en France, &
il a paffé toute fa vie en Angleterre, ou bien
à St. Germain, chez le Roi d'Angleterre,
avec une colonie ang'oife, pour l'amufement
de laquelle il a fait tous ces jolis Riens de
fociété qui vous amufent depuis ce tems-là ».

» Mais d'où vient, me direz-vous, vos
plaifanteries de gazettes, de comédies & de
romans nous paroiffent-elles fi plates, quand
on nous les traduit? A cela je réponds, que
quelques unes peut-être font tout bonnement
plates par elle-même, comme il arrive quelquefois à des plaifanteries françoifes, même
de vos meilleurs Ecrivains. En fecond lieu,
peut-être font-elles mal rendues; & enfin,
c'eft que ces plaifanteries tombant fur des
ufages, font par-là même intraduifibles, pour

ceux qui ne font pas au fait du courantde ces ufages ».

» Ecoutez. J'ai un grand fecret à vous dire à l'oreille. Vous connoiffez bien les Lettres Provinciales, ces fameufes *petites Lettres* fi renommées par le fel attique de leur immortelle plaifanterie ; eh bien ! il y a quantité d'honnêtes gens en Angleterre qui aiment infiniment la plaifanterie, qui en ont beaucoup eux-mêmes, & qui cependant n'ont jamais pu lire quatre pages de fuite de ces *petites Lettres* qui leur femblent fi longues. Il n'en eft pas de même de moi, qui ai paffé du tems en France, & qui ne fuis pas mal au fait du Formulaire & de la Conftitution. Il eft vrai que quand le Pere Annat, ou le Jacobin, je ne fçais lequel des deux, vient à paroître fur la fcène, l'ennui des fept péchés mortels me gagne, & je ne peux jamais achever ; au lieu que dans les deux petites Lettres de Racine à M. Nicole, la Mere Angélique & fon Capucin ne m'ont jamais fait bâiller ».

» Vous fentez bien qu'il me feroit impoffi-
ble de vous citer un grand nombre d'étran-
gers qui aient ofé devenir vos rivaux , dans
votre propre langue, fur-tout en matiere d'a-
grémens & de plaifanterie. Il n'eft pas permis
à beaucoup d'Anglois, ni même à beaucoup
de François, d'écrire des chofes auffi gaie-
ment & auffi élégamment françoifes, que la
Lettre du prétendu *Roi de P. à J. J. R.* La
langue françoife, il eft vrai, fe parle, tant
bien que mal, dans toutes les Cours de l'Europe; mais elle n'eft pas encore au point de
la langue latine, quand prefque tous les peuples de l'Empire Romain non feulement par-
loient, mais écrivoient auffi dans la langue
de leurs maîtres, & quand Térence, Phedre,
Pétrone, Martial, Apulée & Aufone pouvoient rire auffi facilement en latin, que les
habitans du Capitole ».

» En attendant que cela arrive, voulez-
vous nous connoître, pour acquérir le droit
de nous juger, ou de nous copier? donnez-

vous la peine de venir chez nous , & d'apprendre à parler notre langue. Vous trouverez que l'on rit en Angleterre auffi fouvent
qu'en France , & quelquefois davantage. Ces
gaietés de converfation , que , par complai-
fance, on vous adreffera d'abord en françois ,
vous paroîtront peut-être affez plates , fur-
tout avec un accent étranger ; mais vous fe-
riez, à votre tour , peut-être affez embarraffé
vous-même, d'en dire de bien bonnes , dans
une langue qui ne vous feroit pas familiere.
Cela vous viendra petit-à-petit ».

« Vous irez à nos fpectacles , & vous verrez que nos Auteurs comiques actuels font
bien plus gais , & tout auffi élégans que les
vôtres, qui s'obftinent prefque tous à ne vou-
loir être que des *pleunicheurs.* Vous cefferez
de nous regarder tous comme un peuple de
Miltons, de Lockes & de Newtons ».

» Vous connoitrez alors par vous - même
la gaieté, le bon goût ; le fel , la naïveté, les
grâces ou la pétulance des deux Ducs de

Buckingham , des Comtes de Dorfett , de Rochefter , de Hallifax , de Rofcommon , de Chefterfield ; des Lords Landfdoun , Harvey , Litleton ; des Dryden , Waller , Prior , Horace Walpole , Gay , Garrick , &c. dont la réputation feule vous eft parvenue ; & des Gower , Chaucer , Drayton , Donne , Cowley , Butler , Chevalier Denham , Garth , Tickell , Walsh , Hughes , Parnell , Jean Philips , Chevalier Williams , Shenftone , Weft , Akenfide , Dodfley , Gray , Mafon , Whitehead , Churchill , &c , &c , &c. tous Poëtes gais & galans , dont la lifte énorme vient sûrement de vous impatienter , parce que , non feulement leurs ouvrages , mais leurs noms même vous font prefque tous inconnus. Et remarquez encore que parmi tous ces noms que je viens de vous enfiler , vous n'en trouverez pas un feul cependant de tous nos Romanciers & de tous nos Auteurs comiques , qui , comme on fçait , font chez nous , comme ailleurs , les Ecrivains les plus gais & les plus plaifans ».

» Vous verrez que nos femmes célebres par l'esprit, ne sont pas indignes d'être mises à côté des vôtres ; &, pour ne pas courir risque de vous impatienter de nouveau, je ne vous en citerai que deux, parce qu'elles vous sont connues, ou qu'elles devroient l'être ».

» Lady Mary Wortley Montagu, dans ses Poésies, n'auroit pas de rivale en France ; & dans ses Lettres, vous en offriroit une de Madame de Sévigné, pour les grâces & l'élégante gaieté de la Cour, sans affectation & sans grimace ; & une autre Montagu vous offre aujourd'hui, dans ses Dialogues & dans son Shakespéar, le goût fin & délicat d'une femme de qualité, joint aux vues profondes d'un homme consommé dans la Littérature, aussi bien que dans la connoissance du cœur humain. Voilà des modeles à imiter, puisque vous en cherchez ».

» Pope, chez nous, n'est véritablement grand Poëte, que dans sa traduction d'Homere, dans ses Satires, & sur-tout dans sa

Boucle de cheveux, dont l'invention, l'élé-
gance & la gaieté le difputent, ce me femble,
à ce qu'il y a de plus ingénieux, de plus élé-
gant & de plus gai chez les anciens & chez
les modernes. Vous ne le connoiffez guere
cependant que par quatre differtations en
vers, fur le bien & le mal moral. Je vous paffe
cette méprife, parce qu'elle eft l'effet de la
démangeaifon philofophique qui vous tour-
mente depuis quelque tems. Je ferois même
affez difpofé à vous paffer auffi votre dégoût
& même votre révolte contre Shakefpéar ;
vous ne connoiffez ni notre langue, ni notre
poéfie, ni nos ufages, ni notre hiftoire anec-
dote & populaire des tems & des mœurs que
Shakefpéar a mis fur notre fcène. Ce que je
ne vous paffe pas, c'eft bien plutôt votre admiration pour ce même Shakefpéar, & votre
engoûment pour des monftruofités que nous
condamnons nous-mêmes ».

» Un de vos plus célebres Poëtes vous di-
foit autrefois : les Anglois connoiffent auffi
bien

bien que nous les défauts que nous reprochons
à Shakespéar, & ce n'est point à cause de ces
défauts, mais malgré ces défauts, qu'ils s'obftinent à l'admirer, comme nous admirons le
Cid, non pas à cause, mais malgré l'Infante
& le Page. Ce Poëte célebre, qui a demeuré
parmi nous, connoît fort bien notre langue
& même son Shakespéar, dont il a fait passer
tant de beautés dans ses ouvrages ; & nous
trouvons qu'il a eu raison. Mais il a voulu,
depuis barbouiller & même mettre en pieces
son modele ; & nous trouvons qu'il a tort ».

» Vous avez chez vous un théâtre, que
nous comparons sans façon à celui des Grecs ;
& un divin Moliere fur-tout, que nous met-
tons au dessus de tous les Auteurs anciens &
modernes, même au dessus des nôtres. Quelle
est votre fureur aujourd'hui, d'abandonner
ces illustres modeles & la belle nature, pour
leur substituer des atrocités en tous genres ?
Vous êtes bien changés, je vous le répete, &
l'Europe ne vous reconnoît plus, comme je

vous difois tout-à-l'heure. Le jeune Horace, autrefois, dans l'excès de fa colere contre Camille, traverfoit toute la fcene pour aller tuer fa fœur dans la couliffe. Corneille étoit obligé de commettre cette abfurdité, plus cruelle encore, plutôt que de rifquer devant des François, une action qui auroit révolté vos grandsperes. Bon Dieu! que vos mœurs font devenues fermes & vigoureufes depuis ce tems-là !«

» Il en eft de même de vos autres amufemens. Il n'y a pas trente ans que des romans légers & des poéfies agréables faifoient vos lectures favorites. N'eft-ce pas le moment de fe récrier encore ? Bon-dieu ! quel faut, de *Vert-vert*, des *Confeffions* & du *Sopha*, au cimetiere du ténébreux *Young*, qui fait aujourd hui vos menus-plaifirs! Un Poëte, pas plus Poëte que Pafchal; des penfées quelquefois grandes & fombres comme les fiennes, découfues au point qu'on en pourroit faire trente volumes auffi bien que quatre : Enfin, un Poëme énorme, fans invention de fonds

& sans machine, ce qui seul constitue la véritable poésie. Les méditations & les visions de vos Couvents & de vos Séminaires peuvent-elles être plus tristes & plus effrayantes ? ».

» Si vous en deveniez meilleurs Chrétiens, à la bonne-heure. Mais, au contraire, ces tirades éternelles sur la mort, le suicide, les offemens & la charogne, dont vous infectez vos théâtres, vos romans & tous vos livres, tout cela vous noircit & vous trouble l'imagination , & vous vous tuez comme des mouches ».

» C'est encore là une de ces coutumes que vous avez voulu emprunter de nous. Si vous vouliez nous en débarrasser tout-à-fait, nous n'aurions pas la guerre à ce sujet, comme pour les limites du Canada. Mais vous n'êtes jamais exacts dans vos imitations, parce que vous ne connoissez pas assez les usages & les coutumes que vous voulez copier. Nous prétendons avoir la liberté de nou uer , parce

que nous prétendons avoir la liberté, non pas
de tout faire, mais de tout écrire & de tout
penser. Le suicide n'est guere plus ancien
chez nous, que la liberté de la presse, & cer-
tainement il ne remonte pas plus haut que la
Réformation. C'est là son époque la plus re-
culée. Consultez les Chroniques de Baker,
& tous les Annalistes qui rendent le compte
le plus minutieux de nos plus petits événe-
mens & de nos coutumes les plus triviales,
& vous verrez, qu'avant Luther & Calvin,
on ne mouroit, en Angleterre, que d'acci-
dens & de maladie, ou de la façon des Médecins & des Charlatans, comme on meurt
aujourd'hui chez la plûpart des peuples civilisés, ou non civilisés de l'univers. Il n'en fut
pas de même dès que, selon le jargon de nos
premiers Réformateurs, *la lumiere intérieure,*
l'esprit de lumiere, & *la lumiere de l'esprit,*
devinrent la seule regle de conduite, dans
chaque espece de Religion, ou d'irréligion, si
vous voulez, que chacun se mit à composer.

Les *Anti-souscripteurs* (*) des trente-neuf articles de la Religion Anglicane , traitent aujourd'hui ce tems de la Réformation, de *tems d'ignorance* ; & ses premiers Apôtres ,

(*) Je ne crois pas qu'il y ait actuellement sur la terre , ou qu'il y ait jamais eu de gouvernement , où les sujets soient , ou aient été jamais assujettis à tant de serments & de formules civiles & ecclésiastiques , qu'on l'est sous le gouvernement Britannique. Non-seulement les Prêtres & les Evêques , mais *toutes personnes ayant charges & offices civils ou militaires , ou recevant gages , pensions & salaires quelconques du Roi ou du gouvernement , sont obligés de prêter une multiplicité de serments , & toujours, à chaque fois , d'approcher de la sainte Table , & de faire enregistrer son billet de communion ,* sous peine de 500 *louis d'amende , de privation de l'office , de devenir incapable d'en posséder d'autres , même de pouvoir ester en justice , &c , &c.* De sorte que la multiplicité des charges & des emplois , & l'avancement en grades , en honneurs & en richesses , est un moyen de faire son salut en Angleterre. Entr'autres serments qu'on est obligé de prêter en une infinité de cas , les jeunes gens qui se présentent dans les Univerfités pour le Baccalauréat, non-seulement

de fanatiqnes & d'*Anges de ténebres.* Ils nous rendroient un grand fervice, s'ils pouvoient au moins extirper de chez nous le fuicide, cet œuvre de ténebres, qui s'eft manifefté pendant & depuis ces tems de fanatifme ».

---

de Théologie, mais même des Arts, de Droit & de Médecine, font obligés de prêter celui de leur adhéfion pure & fimple aux trente-neuf articles de la Religion Anglicane, rédigés dans le Parlement tenu fous la Reine Elizabeth en 1562, & de figner le Formulaire à ce fujet. Quelques Etudians de l'Univerfité de Cambridge, excités par un parti remuant, qu'on appelle aujourd'hui les *Anti-foufcripteurs,* ont refufé cet été de foufcrire & de prêter le ferment. Ils ont adreffé, il y a un mois, une requête au Parlement, en forme de confultation, non pas de quarante Avocats, mais de deux cents cinquante perfonnages très - graves. Cette piece a été préfentée à la Chambre des Communes ; mais, malgré le zèle du petit nombre de fes partifans, il vient d'être décidé tout-à-l'heure, que les trente-neuf propofitions de la Conftitution Anglicane, faifant loi de l'Etat, auffi bien que loi de l'Eglife, non-feulement les Théologiens, mais même les Médecins & les Avocats, feroient contraints de la figner comme ci-devant.

„ Le suicide est devenu à la mode chez vous, dans des circonstances à-peu-près semblables. L'*Esprit* vous a parlé aussi, mais c'étoit le *Bel - esprit*, le *Grand-esprit*. Une *lumiere* vous a apparu aussi, mais c'étoit la *grande lumiere*, la *lumiere naturelle*, qui vous a illuminé tout-à-coup dans ce *siecle de lumieres*. Vous en avez été éblouis au point de faire main-basse en un instant, sur tous les dogmes & sur tous les principes qui peuvent servir de barriere aux passions humaines. Mais il y a toujours cette différence, que, chez nous, un savetier livré à son *esprit de lumiere* charbonne sur la cheminée la petite **Religion** qu'il a inventée pour son usage ; au lieu que vos plus fameux *Esprits*, si l'on les prenoit au pied-levé, seroient bien embarrassés d'écrire sur le champ le *credo* de leur incrédulité ».

„ Quoi qu'il en soit, les passions sont impérieuses chez nous, & parlent avec violence également à toutes les classes de citoyens. Une jeune laitiere, trahie par son amant, &

abandonnée à ſes remords & à la *lumiere de l'eſprit*, ſe pend dans ſon étable. Un jeune homme ruiné au jeu & perdu par la débauche ſe jette dans la riviere, s'il n'a pas le courage d'aller voler ſur le grand chemin. La miſere en détruit un grand nombre ; & puis nous avons une paſſion que vous ne connoiſſez pas encore, & que les Romains appelloient le *tædium vitæ*. C'eſt l'*ennui*, pour lequel nous n'avons pas de mot dans notre langue, quoique la choſe n'exiſte que trop réellement chez nous. Il y a vingt ans qu'un Pair d'Angleterre, riche & heureux en apparence, s'ennuyoit. Il raſſembla tous ſes gens d'affaires ; diſcuta avec eux, pendant trois heures, les points de Droit les plus épineux, leur dicta un teſtament de trente pages in-folio ; le ſigna, & ſe brûla la cervelle. Mais il faut avouer que ce dernier exemple n'a gueres été ſuivi, **car il** fait encore la matiere de la converſation d'aujourd'hui ».

» Enfin, nous autres Anglois, qui ſommes

obfervateurs, nous remarquons qu'en France, toutes les claffes de citoyens ne font pas égalemént attaquées de l'épidémie du fuicide & de la philofophie. Le peuple, quoique très-malheureux en France, continue encore de vivre & d'aller à vêpres, non-feulement dans les campagnes & dans les provinces, mais jufques dans la capitale, à la barbe même de vos Miffionnaires philofophiques. La nobleffe eft toujours & par-tout de la religion du Prince. A la Cour, on a bien d'autres chofes à faire, que de fonger à fe tuer. Les révolutions, en bien & en mal, y font fi fubites, qu'on auroit peine à faifir le moment bien jufte, pour placer un fuicide; & dans ce pays-là, la philofophie, comme bien d'autres chofes, entre par une oreille & fort par l'autre ».

» Il n'y a donc eu jufqu'à préfent, que la claffe intermédiaire qui ait été affeétée de la contagion. Le fuicide & la philofophie n'ont été jufqu'à ce jour, en France, qu'une maladie bourgeoife & un crime bourgeois. L'efpece calculante feule en a été la victime. Ce font toujours des gens à argent qui fe tuent, & c'eſt toujours pour de l'argent que cela arrive. On pourroit vous objecter l'uniformité de vos dénouemens, & le peu de variété dans les caracteres, auſſi bien que dans la cataſtrophe de ces nouveaux drames. Mais ce fujet eſt trop trifte, & même trop abfurde pour en plaifanter ».

» Au nom de Dieu, Meſſieurs les François, vivez, & vivez gais & joyeux, comme faifoient vos peres. Il n'y a pas d'époque dans votre hiſtoire, qui n'ait produit des malheurs & même des calamités. Adouciſſez les vôtres, comme vous faifiez autrefois, *avec la petite chanfon.* Auſſi bien, il n'en fera ni plus ni moins. Débarraſſez-vous de ce fatras de philofophie & de politique qui ne convient point à vos mœurs, & qui vous rend méconnoiſſables aux yeux de toute l'Europe. Oui, c'eſt l'Europe entiere qui vous conjure de ne copier perfonne, & de redevenir ce que vous étiez; car vous étiez charmans ».

Mon Anglois parloit longuement, comme on voit ; & cependant, quoique François, je l'écoutai patiemment sans l'interrompre. S'il prend envie à quelqu'un de lui répondre, il en eft bien le maître.

FIN.